# BOEKANALYSE

AF142004

# The Wave

TODD STRASSER

# BOEKANALYSE

Geschreven door Florence Balthasar
Vertaald door Nikki Claes

## The Wave

### TODD STRASSER

# TODD STRASSER

## AMERIKAANSE ROMANSCHRIJVER EN SCHRIJVER VAN KORTE VERHALEN

- **Geboren in New York in 1950.**

- **Opmerkelijke werken:**
  - *The Wave* (1981), roman
  - *Give a Boy a Gun* (2000), roman
  - *Can't Get There from Here* (2004), roman

Todd Strasser werd geboren in New York en reisde als jongeman door Europa, voordat hij terugkeerde naar de VS om literatuur te studeren. Hij begon zijn schrijfcarrière met artikelen en korte verhalen voor *The New Yorker* en *The New York Times*, en zijn eerste roman, *Angel Dust Blues*, verscheen in 1978. Zijn boeken zijn gericht op young adult lezers en behandelen thema's als geweld, de problemen waarmee tieners te maken krijgen en sociale kwesties. Hij heeft ook gewerkt aan de romans van verschillende films, waaronder *Home Alone*, *Jumanji* en *Free Willy*. Hij werd wereldberoemd met *The Wave* en heeft ook veel succes met zijn *Help! I'm Trapped...* serie (1993-2001).

# THE WAVE

## EEN VERHAAL GEÏNSPIREERD DOOR HET ECHTE LEVEN

- **Genre:** roman

- **Referentie-uitgave:** Strasser, T. (2013) *The Wave*. New York: Ember.

- **1e druk:** 1981

- **Thema's:** experimenten, Tweede Wereldoorlog, nazisme, macht, angst, dictatuur, ideologie, extremisme

*The Wave* werd gepubliceerd in 1981 en is gebaseerd op ware gebeurtenissen die plaatsvonden op de Cubberley High School in Palo Alto, Californië in 1967. Een geschiedenisleraar, Ron Jones, begon een experiment om te illustreren hoe fascistische regimes werken en om de houding van het Duitse volk tijdens de Tweede Wereldoorlog (1939-1945) aan te tonen, maar al snel veranderde zijn experiment in een gevaarlijk spel over de macht van een leider over zijn volgelingen. Deze gebeurtenissen bleven onbekend bij het grote publiek totdat er een televisiefilm over werd gemaakt, die Strasser's roman inspireerde. Van *The Wave* zijn in Europa meer dan een miljoen exemplaren verkocht en het wordt al 20 jaar op Duitse scholen bestudeerd.

# SAMENVATTING

## EEN ONGEWONE GESCHIEDENISLES

Op de Gordon High School wacht de geschiedenisleraar Ben Ross op de komst van zijn oudere leerlingen, maar voelt zich gefrustreerd door hun klaarblijkelijke minachting voor stiptheid en hun huiswerk. Hij onderwijst hen over de Tweede Wereldoorlog en heeft besloten hen een documentaire over de concentratiekampen te laten zien. Na afloop vragen de leerlingen zich allemaal af waarom de gewone Duitsers niet meer deden om de wreedheden te stoppen. Ben legt hen uit dat "de nazi's misschien een minderheid waren, maar wel een sterk georganiseerde, bewapende en gevaarlijke minderheid" (p. 12), maar de leerlingen lijken niet overtuigd. Hij wou dat hij het beter had kunnen uitleggen en zoekt naar een duidelijke verklaring, maar hij kan "het antwoord nergens geschreven vinden" (p. 28). Dan bedenkt hij een experiment dat hen zal helpen te begrijpen wat er is gebeurd.

Sommige studenten, zoals Laurie, zijn nog steeds geschokt door de film. Haar vriend David stelt haar gerust: "Het is één keer gebeurd en de wereld heeft zijn lesje geleerd. Het zal nooit meer gebeuren" (p. 21).

Als de leerlingen de volgende dag in de klas komen, vinden ze een slogan op het bord geschreven: "Kracht door discipline" (p. 29). Ben legt uit dat de les zal gaan over succes en kracht, wat ieders aandacht trekt. Hij geeft hen voorbeelden zoals sport, dans en kunst, waarbij resultaten alleen bereikt kunnen worden door lange jaren van discipline, hard werken en trainen.

Vervolgens laat hij hun de houding zien die ze moeten aannemen, en de meeste leerlingen doen die na. Vervolgens vraagt hij hen zich door het klaslokaal te bewegen alvorens terug te keren naar hun plaats. Hun eerste poging is chaotisch, maar hij laat ze de oefening herhalen totdat ze deze op een ordelijke manier kunnen voltooien. Daarna maakt hij de taak nog ingewikkelder door ze allemaal op een rij te zetten.

Hij stelt nieuwe regels op en houdt Robert, die een sociale outcast is en worstelt met zijn schoolwerk, voor als positief voorbeeld. Robert wordt dan populairder en begint op te treden als een soort lijfwacht voor Ben.

Ben legt zijn leerlingen uit dat ze verenigd zijn door discipline en gemeenschap, en dat ze deel uitmaken van een beweging. Hij laat hen hun slogan herhalen en kiest zelfs een logo: een golf die verandering, richting en beweging moet voorstellen. "The Wave" wordt ook aangenomen als de naam van de gemeenschap, en hij leert hen een groet. De studenten worden overweldigd door een gevoel van "macht" en "eenheid" (p. 43).

Ben is verbaasd als zijn klaslokaal geleidelijk verandert in een plaats van rust en discipline. Sommige leerlingen, waaronder Laurie en Brad, zijn aanvankelijk terughoudend, maar volgen uiteindelijk de rest van de groep. Laurie's vriend David probeert haar over te halen zijn enthousiasme te delen, maar ze is nog steeds niet volledig overtuigd. Ze vertelt haar ouders over het experiment en haar moeder is bezorgd: ze vindt het gevaarlijk om een leraar zijn leerlingen zo te laten manipuleren, en vraagt zich zelfs af of The Wave eigenlijk wel een sekte is.

Na de les gaan de jongens meestal naar de voetbaltraining, maar hun team blijft verliezen. Ze besluiten de principes van The Wave uit te leggen aan hun teamgenoten, met positief resultaat.

The Wave breidt zich geleidelijk uit tot buiten het klaslokaal naarmate meer en meer mensen zich bij de beweging aansluiten. Tot zijn verbazing krijgt Ben zijn lessen sneller door en komen de leerlingen beter voorbereid naar de lessen. Thuis bespreekt hij het experiment met zijn vrouw, Christy, die les geeft op dezelfde school. Zij is bezorgd over de omvang van de gemeenschap, want die begint zich te verspreiden buiten de geschiedenisles, maar Ben is enthousiast.

In de klas geeft hij zijn leerlingen lidmaatschapskaarten. Sommigen worden aangewezen als monitors en krijgen de taak toezicht te houden op de groep en ervoor te zorgen dat de regels worden nageleefd. Hij voegt ook een ander woord toe aan de slogan: Actie. Hij vraagt hen te handelen "als een geoliede machine" (p. 59), wat betekent dat ze moeten samenwerken, de regels moeten volgen en elkaar moeten helpen. De leerlingen genieten van dit nieuwe gevoel van gelijkheid. Laurie voelt zich steeds ongemakkelijker bij het experiment en bespreekt haar twijfels met haar klasgenoten, maar die willen geen woord tegen de groep horen.

Gezien de groei van de beweging wordt Ben ontboden voor een gesprek met directeur Owens, die een verklaring eist. Ben gelooft dat zolang hij de leider is, The Wave beheersbaar zal blijven, maar het schoolhoofd is sceptisch en waarschuwt hem voor het gevaar de controle te verliezen.

Op de redactievergadering van de schoolkrant vraagt de redactie Laurie een artikel te schrijven over de beweging. Als ze de volgende dag in de redactiekamer aankomt, vindt ze een anonieme brief over de ervaringen van een junior die geïntimideerd en bedreigd werd door leden van The Wave.

## HET EXPERIMENT LOOPT UIT DE HAND

Er wordt een Wave rally georganiseerd met als doel andere studenten te werven. Laurie wil er niet bij zijn en wanneer David voorstelt om samen te gaan, weigert ze. Hij is verrast door haar reactie en probeert haar te overtuigen, maar ze zegt hem: "Je bent zo van plan een soort utopische Golfmaatschappij te creëren [...] dat je het helemaal niet ziet" (p. 88). David beschuldigt haar ervan afstand te nemen van de beweging omdat ze anders wil zijn dan de rest. Uiteindelijk gaan ze uit elkaar. Ze stort zich op haar werk voor de krant en krijgt al snel gezelschap van Carl en Alex, die hebben gemerkt dat de school meer op een militair trainings-kamp begint te lijken. Ze stellen voor een spoedvergadering te houden om de huidige kwestie af te ronden.

Ben begint zich geleidelijk overweldigd te voelen als de studenten op eigen initiatief beginnen te handelen en bevelen beginnen te geven. Ze noemen Ben bijvoorbeeld "de ultieme leider van The Wave" (p. 84).

s Avonds spreekt Laurie's vader haar aan. Hij is bezorgd geworden nadat hij ontdekt heeft dat een joodse leerling van de school in elkaar geslagen is omdat hij weigerde lid te worden van The Wave. Laurie begint onmiddellijk met het plannen van een speciale editie van de krant gericht op de excessen van de beweging.

Zaterdag is de wedstrijddag, en Laurie wil haar vriendin Amy spreken over de laatste ontwikkelingen. Brad blokkeert echter haar weg en staat erop dat ze de groeten doet. Ze weigert. Later probeert ze opnieuw met Amy te praten, maar Amy beweert dat haar opvattingen over de beweging beïnvloed zijn door haar breuk met David en dat hun vriendschap ongezond is omdat ze gebaseerd is op ongelijkheid.

De volgende dag wordt de redactievergadering gehouden bij Laurie thuis, maar verschillende redactieleden zijn te bang om aanwezig te zijn. Ze stellen de speciale editie samen, met daarin de anonieme brief, Carl's verslag over de mishandeling van de jongen die een "vuile Jood" werd genoemd (blz. 97), interviews met bezorgde leraren en ouders, en een hoofdartikel van Laurie.

De krant verkoopt snel, en nieuwe geruchten en berichten over misbruik duiken op. De leden van The Wave weigeren deze echter te geloven en zijn ervan overtuigd dat de krant liegt. Robert is bijzonder vijandig tegenover Laurie, die hij ziet als een "bedreiging" (p. 104). David en Brian komen tussenbeide en zijn van plan Laurie ervan te overtuigen dat ze een fout heeft gemaakt.

De redactie is dolblij met het succes van het nummer. Op een dag komt Laurie echter te laat uit de redactiekamer en ontdekt dat het woord "vijand" op haar kastje is geschilderd (p. 110). Ze verlaat haastig de school omdat ze het gevoel heeft dat ze gevolgd wordt. Op weg naar huis probeert David met haar te praten, maar als ze weigert naar hem te luisteren verliest hij zijn geduld, eist dat ze stopt met het schrijven van artikelen en valt haar zelfs aan. Hij is geschokt door zijn eigen gedrag en het gevaar van The Wave dringt eindelijk tot hem door.

Ben heeft het gevoel dat het experiment uit de hand is gelopen. Die avond brengt Christy de problemen ter sprake die The Wave veroorzaakt: leerlingen spijbelen, The Wave "verstoort de hele school" (p. 106), er zijn klachten ingediend en psychologen bemoeien zich ermee. Ze vertelt Ben ook dat ze denkt dat hij veranderd is, te veel opgaat in het experiment en ermee moet stoppen. Ben weigert echter, omdat hij zijn rol als leider niet wil opgeven.

Wanneer David en Laurie bij hem aankloppen, beseft Ben dat hij erin geslaagd is zijn leerlingen de angst en de gedwongen samenwerking die tijdens de oorlog heerste te doen begrijpen. Laurie smeekt hem het experiment te beëindigen. Hij belooft dat te doen, maar vertelt haar dat ze het geheim moeten houden.

De volgende dag wordt Ben naar het kantoor van de directeur geroepen en vraagt om een dag om het experiment te voltooien en zijn leerlingen de les te laten begrijpen. De directeur gaat akkoord. Tijdens zijn geschiedenisles kondigt Ben aan dat er een bijeenkomst zal zijn voor alle leden van The Wave, waarbij de nationale leider van de beweging zal worden onthuld. David en Laurie protesteren, maar hun klasgenoten zijn enthousiast.

Wanneer hij het podium van de aula betreedt, wordt Ben verwelkomd door studenten die spontaan de slogan scanderen. Achter hem projecteert hij het portret van de leider die ze hadden kunnen hebben: Adolf Hitler (Duitse leider, 1889-1945). Hij laat hen zien hoe dicht ze bij een nazi waren door hun principes op te geven en niets te doen tegen de vervolging van hun buren. Vervolgens verontschuldigt hij zich dat hij het experiment zo ver heeft laten komen, en de leerlingen verlaten geschokt de zaal.

# KARAKTERSTUDIE

## LAURIE SAUNDERS

Laurie is een senior met kort bruin haar. Ze is intelligent, energiek en zeer betrokken bij het schoolleven: ze is hoofdredacteur van de schoolkrant. Ze heeft een vaste relatie met David, en is erg close met zowel haar beste vriendin Amy als haar ouders, voor wie ze zelden geheimen heeft. Haar vader is een afdelingsmanager, terwijl haar moeder aan het hoofd staat van de League of Women Voters. Haar moeder is een natuurlijke piekeraar, en maakt zich onmiddellijk zorgen over het experiment als haar dochter er thuis over begint.

Al aan het begin van het experiment heeft Laurie haar twijfels over The Wave, maar aanvankelijk gaat ze erin mee omdat het in wezen ongevaarlijk lijkt. Ze begint echter al snel vraagtekens te zetten bij de beweging en is vooral bezorgd over de reactie van haar klasgenoten, die zich gedachteloos storten op activiteiten die verband houden met The Wave. Ze vertelt haar moeder dat ze begrijpt waarom David geïnteresseerd is in de beweging (hij is ervan overtuigd dat het de prestaties van het voetbalteam kan verbeteren), maar dat ze niet begrijpt waarom Amy, een intelligent meisje, er ook in is meegezogen.

Ze neemt daarom een kritische houding aan ten opzichte van de beweging en begint zich ervan te distantiëren, ondanks de druk van haar collega's en de nauwelijks verholen bedreigingen van de andere leden. Ze neemt haar toevlucht tot haar werk voor de krant, die de tegenstanders van The Wave samenbrengt. Als hoofdredacteur is ze een natuurlijk doelwit, maar haar positie geeft haar ook de gelegenheid haar zorgen te delen en de extremen die de beweging en haar leden bereid zijn te gaan aan de kaak te stellen. De speciale editie van de krant veroorzaakt opschudding in de school, maar leidt ook tot ruzies en laat haar vrezen voor haar veiligheid.

Laurie is een van de weinige studenten die een heldere kijk houdt op de beweging, die maar blijft groeien en uiteindelijk uit de hand loopt. Ze probeert andere mensen bewust te maken van de gevaren ervan, bijvoorbeeld door met haar leraar te praten en het speciale nummer van de krant te publiceren. Ze is bereid zichzelf in gevaar te brengen om haar idealen te verdedigen en staat daarom voor actief en geëngageerd verzet. Het is geen toeval dat ze voor de schoolkrant schrijft: ze staat symbool voor de vrijheid van meningsuiting, die in tijden van oorlog vaak door de pers wordt verdedigd.

## AMY SMITH

Amy is Laurie's beste vriendin, maar heeft altijd het gevoel gehad dat ze in haar schaduw staat en dat ze moeite heeft haar bij te houden. Ze is echter intelligent en conventioneel aantrekkelijk, met blond haar en een slank figuur. Ze benijdt de relatie van Laurie en David en is geïnteresseerd in Brian.

Er is een soort rivaliteit tussen de twee meisjes, en met de opkomst van The Wave beginnen ze uit elkaar te drijven, totdat Amy Laurie vertelt hoe ze zich voelt. De beweging stelt haar in staat uit de schaduw van haar vriendin te stappen en te leven zoals zij dat wil. Ze vertelt Laurie dat "je geen prinses meer bent" (p. 100), en steunt The Wave omdat het alle studenten gelijk heeft gemaakt.

Ze is verblind door haar nieuwe gevoel van vrijheid en is zo blij bij de groep te horen dat ze eventuele misstanden door de vingers ziet. Ze beseft haar fout pas als Ben onthult wie de leider van de beweging had kunnen zijn.

Veel Duitsers waren zoals zij in de jaren twintig: ze waren gedesillusioneerd en ongelukkig met hun leven, dus wendden ze zich tot het nazisme.

## BEN ROSS

Ben is een onhandige geschiedenisleraar met golvend bruin haar. Hij is de oprichter van The Wave. Hij is getrouwd met Christy, die muziekles en zangles geeft op dezelfde middelbare school. Hij is populair bij zijn leerlingen, maar niet al zijn collega-docenten zijn overtuigd: terwijl sommigen "zijn energie en toewijding en creativiteit" (p. 5) en zijn bereidheid om geschiedenis op een praktische manier te onderwijzen waarderen, vinden anderen hem te jong en naïef. Hij is zeer emotioneel betrokken bij het onderwerp dat hij onderwijst ("Hoe kan iemand in godsnaam iemand anders zoiets laten doen?", blz. 10) en probeert het te begrijpen "tot het punt waarop hij geneigd is te vergeten dat de rest van de wereld bestaat" (blz. 27). Hij gaat helemaal op in het experiment en omarmt volledig de rol van leider. Hij is zich ervan bewust dat hij het experiment te ver heeft doorgevoerd, maar hij deed het voor educatieve doeleinden: hij wilde dat zijn leerlingen het zouden begrijpen en nooit zouden vergeten.

# ROBERT BILLINGS

Robert is de "loser van de klas" (p. 6). Hij ziet er onverzorgd uit en valt vaak in slaap in de klas, wat de aandacht van Ben trekt. Hij is vaak alleen, en de andere leerlingen vinden hem "vreemd" (p. 18). Hij neemt het zijn oudere broer kwalijk, die op dezelfde school zat en een briljante student en begaafd atleet was.

Wanneer Ben hem als positief voorbeeld stelt voor de andere leden van The Wave, verandert Robert: hij kruipt uit zijn schulp, krijgt meer zelfvertrouwen, past eindelijk bij de rest van de groep en begint op eigen initiatief te handelen. Al snel wordt hij de lijfwacht van Ben. Hij neemt de beweging heel serieus, stort zich erop en reageert agressief op elke tegenstand, omdat hij voelt dat hij "deel uitmaakt van iets bijzonders" (p. 83). Hij is vastbesloten de beweging die hem zoveel heeft geholpen in stand te houden, zelfs als dat betekent dat hij zijn toevlucht moet nemen tot geweld. Aan het eind van het experiment is hij er kapot van dat hij alles verliest wat hij heeft verworven. Gelukkig is Ben er om hem te steunen.

Het gevoel van gelijkheid en gemeenschap dat de beweging biedt, is een buitengewone kans voor iemand als Robert, omdat het hem een gevoel van doel en betekenis geeft. Hij wil wanhopig dat de beweging blijft bloeien, anders eindigt hij weer waar hij begonnen is.

## DAVID COLLINS

David is een lange, knappe voetballer en Laurie's langdurige vriend. Hij staat dicht bij Laurie's familie, maar drijft geleidelijk van haar weg naarmate The Wave aan kracht wint. Hij gelooft dat hij de principes van de beweging kan toepassen op andere gebieden van zijn leven, zoals sport: hij ziet het bijvoorbeeld als een manier om een einde te maken aan de verliesperiode van zijn voetbalteam. Hij kan niet begrijpen waarom Laurie ervoor kiest zich afzijdig te houden van de beweging. Pas tijdens een heftige ruzie met haar beseft hij dat The Wave gevaarlijk kan zijn.

Individuen als hij worden overgehaald door de teamgeest en discipline die centraal staan in de beweging, omdat ze een weg naar succes en uitmuntendheid vertegenwoordigen. Net als Robert laat David zijn verlangen om The Wave te behouden de overhand krijgen en wordt gewelddadig. Na deze episode is hij geschokt door zijn eigen gedrag en keert hij zich af van de beweging.

## BRAD

Brad is een van de leerlingen uit Bens klas, en is noch bijzonder populair, noch een sociale outcast. Voor The Wave "geniet hij er vooral van" om Robert te kwellen (p. 7).

Aanvankelijk spreekt de beweging hem niet aan en net als Laurie voelt hij zich er niet helemaal prettig bij. Uiteindelijk zwicht hij voor de druk van anderen en sluit zich aan bij de groep, waarna hij een actieve rol speelt bij het werven van nieuwe leden en het bewaken van de menigte tijdens voetbalwedstrijden. Tijdens een gesprek met Laurie onthult hij echter zijn twijfels over de beweging en volgt hij bevelen op zonder er echt in te geloven: "Nou dat hebben ze besloten, Laurie" (p. 95). Ondanks zijn bedenkingen gaat hij mee met de rest van de groep zonder al te veel na te denken over wat hij doet. Hij verzet zich niet tegen de beweging, maar is het er ook niet van harte mee eens.

Hoewel hij zich nooit heeft laten overtuigen door de ideeën en doelstellingen van de beweging, is Brad toch lid geworden en heeft hij de hem gegeven bevelen niet aangevochten. Hij is gemakkelijk beïnvloedbaar: zoals psychologen als Solomon Asch (1907-1996) en Stanley Milgram (1933-1996) hebben aangetoond, is hij beïnvloedbaar door groepsdruk en autoriteit. In de jaren 1920 en 1930 in Duitsland waren veel mensen zoals hij, die gewoon deden wat hen gezegd werd en bevelen niet in twijfel trokken.

## CARL BLOCK EN ALEX COOPER

Carl Block en Alex Cooper zijn de onderzoeksjournalist en muziekcriticus van de krant. Carl is lang, blond en slank, terwijl Alex bruin haar en een groter postuur heeft en nergens heen gaat zonder zijn walkman. Ze sluiten zich aan bij Laurie's verzet en stellen de excessen van The Wave aan de kaak in een speciale uitgave van de schoolkrant.

Zij staan symbool voor een vrije en kritische pers. Ze hebben zich nooit aangesloten bij The Wave en hebben zich duidelijk naast Laurie gepositioneerd als onderdeel van het verzet. Net als zij waren veel tegenstanders van de nazi's vanaf het begin tegen hen.

## DIRECTEUR OWENS

Directeur Owens is lang en kaal. Hoewel hij openstaat voor
vernieuwing, heeft hij gemengde gevoelens over het experiment: hij weet dat het geen regels overtreedt, maar is er toch
huiverig voor. Wanneer het experiment fout begint te lopen,
beveelt hij Ben er een eind aan te maken of ontslag te nemen.

## DE ANONIEME BRIEFSCHRIJVER

Dit personage is alleen belangrijk vanwege de reactie die zij
bij Laurie teweegbrengen, omdat hun brief haar doet besef-
fen dat zij niet alleen staat in haar wantrouwen jegens The
Wave.

Verzet kan passief zijn: mensen kunnen bijvoorbeeld weigeren zich bij de beweging aan te sluiten of deze anoniem aan
de kaak stellen. Mensen zoals de briefschrijver zijn bang voor
de mogelijke gevolgen van openlijk verzet, dus neemt hun
verzet de vorm aan van buiten de beweging blijven en kleine
daden van verzet plegen. Zwijgen en onverschilligheid zijn
waarschijnlijk de meest voorkomende reacties in dit soort
situaties, en zijn een andere manier om te reageren op
totalitarisme.

# ANALYSE

## NAZISME

### De opkomst van Hitler

Na de Eerste Wereldoorlog (1914-1918) werd Adolf Hitler lid van de Duitse Arbeiderspartij, een relatief kleine partij die later de Nationaal-Socialistische Duitse Arbeiderspartij zou worden, beter bekend als de Nazipartij. Hij was een charismatisch spreker en wist de partijleden ervan te overtuigen hem in 1921 tot leider te benoemen. Na een mislukte couppoging in 1923 zette hij zijn politieke en ideologische opvattingen uiteen in *Mein Kampf* (1925), waarin hij het nationalisme afschilderde als de sleutel tot de revitalisering van Duitsland. In zijn ogen was het Duitse ras, dat zuiver en Arisch was (wat betekende dat de leden ervan lang en blond waren), superieur aan andere rassen (Joden, zwarten, Slaven).

De opkomst van Hitler kan ten minste gedeeltelijk worden verklaard door de economische en sociale context. Duitsland was ernstig verzwakt door de Eerste Wereldoorlog, en het Verdrag van Versailles (1919) dwong het land herstelbetalingen te doen aan de overwinnaars en ontnam het een deel van zijn grondgebied (met name Elzas en Lotharingen werden aan Frankrijk afgestaan), wat het land hard trof. In de nasleep van de Wall Street Crash in 1929 steeg de werkloosheid en daalden de productie en de prijzen. Net als Hitler gebruikt Ben de actualiteit (stijgende inflatie, werkloosheid en misdaad) om zijn studenten te verenigen en hen verder in de beweging te trekken.

In 1933 werd Hitler kanselier. In een paar maanden tijd richtte hij het Derde Rijk op en noemde zichzelf Führer ("Gids"). Hij schakelde alle politieke oppositie uit door van Duitsland een eenpartijstaat te maken, gebruikte gewapende groepen (de Gestapo en de SS) om de orde te handhaven, stelde de dienstplicht in en creëerde nieuwe banen in de wapenindustrie. Leden van zogenaamde "inferieure" rassen werden vervolgd en propaganda werd gebruikt om de bevolking te hersenspoelen (zowel de kunst als de media werden door de staat gecontroleerd).

Het gebrek aan reactie van de gewone Duitsers, dat de studenten van Ben verbaast, is door historici bestudeerd. Götz Aly (Duits historicus en journalist, geboren in 1947) heeft gewezen op het feit dat het naziregime zijn burgers, met name de armsten onder hen, het gevoel gaf gelijk te zijn op het gebied van voedselverdeling en lonen. Hitler belastte ook de rijkste leden van de samenleving en versterkte de Reichsmark (de officiële munteenheid van de Weimarrepubliek). Joodse burgers zagen hun eigendommen onteigend worden, waardoor de schatkist van de regering verder werd gespekt. Veel Duitsers waardeerden het materiële comfort dat Hitlers regime bracht, omdat ze een hogere levenskwaliteit genoten met weinig tot geen persoonlijke betrokkenheid.

## De Hitlerjugend

Wanneer Ben besluit het experiment te beëindigen, vertelt hij over jonge mensen in Duitsland die, net als zijn studenten, volledig toegewijd waren aan hun zaak.

Als onderdeel van zijn verlangen om Duitsland te militariseren, ontbond Hitler alle bestaande jeugdverenigingen en richtte hij de Hitlerjeugd op. In 1936 stelde hij het lidmaatschap verplicht. Het doel van de organisatie was jongeren een fysieke, morele en intellectuele opvoeding te geven in overeenstemming met de nazi-ideeën. De leden werden gescheiden naar geslacht en leeftijd: jongens schreven zich in op zesjarige leeftijd, zwoeren op hun tiende een eed van trouw aan Hitler en namen deel aan de Hitlerjeugd tot hun achttiende, waarna zij zich aansloten bij de arbeidsdienst of het leger, terwijl meisjes een soortgelijk systeem volgden tussen hun tiende en 21ste.

Toen de Tweede Wereldoorlog uitbrak, hielpen jongeren brandweerlieden, werkten ze in fabrieken en evacueerden ze jongere kinderen tijdens de bombardementen. Ze werden ook naar het front gestuurd: ze geloofden zo sterk in de ideeën van de nazi's dat ze bereid waren te sterven om de opmars van de geallieerden tegen te houden.

## Concentratiekampen en de Holocaust

Duitsland heeft de concentratiekampen niet uitgevonden: soortgelijke kampen (zoals de kampen van de Britten in Zuid-Afrika tijdens de Tweede Wereldoorlog [1899-1902] en het goelagsysteem van de Sovjet-Unie) waren al eerder door verschillende groepen gebruikt om hun tegenstanders op te sluiten, maar de Duitsers ontwikkelden en verfijnden het systeem. Het eerste nazi-concentratiekamp was Dachau, dat in maart 1933 werd geopend. Het doel was om met dwangarbeid en angst de geest van de gevangenen te breken en hen te dwingen de idealen van de nazi-partij na te leven. Gevangenen werden onderworpen aan strenge discipline in een smerige omgeving, opgesloten en omgeven door elektrische hekken. Vanaf 1939 werden gaskamers gebruikt om degenen uit te roeien die onnodig werden geacht voor het nazi-project, namelijk geesteszieken, Joden, Roma en Slaven. Hun lichamen werden vervolgens verbrand in crematoria.

Vanaf 1942 organiseerden de Duitsers de Endlösung, ook bekend als de Holocaust, naar een episode in de Bijbel waarin sprake is van het offeren van een dier door vuur. Joden noemden dit de Shoah, wat in het Hebreeuws "cataclysme" of "catastrofe" betekent. Bij aankomst in de kampen werden de Joden in twee groepen verdeeld: zij die geschikt waren om te werken en tot hun dood zouden worden uitgebuit, en zij die niet in staat waren om te werken (vrouwen, kinderen, ouderen), die rechtstreeks naar de gaskamers werden gestuurd, die vermomd waren als douches. Al hun bezittingen en persoonlijke bezittingen werden hen afgenomen. Anderen werden gemarteld in het kader van medische experimenten.

Historici schatten dat ongeveer 12 miljoen mensen in de kampen zijn vermoord. De omvang van dit bloedbad zou niet mogelijk zijn geweest zonder de medewerking van de landen die tijdens de oorlog door Duitsland werden bezet. Zo voerde het Vichy-regime (1940-1944) in Frankrijk antisemitische wetten in en organiseerde het razzia's, zoals de beruchte Vel' d'Hiv Roundup in Parijs in 1942.

# HET CONCEPT VAN DE GROEP IN DE SOCIALE PSYCHOLOGIE

## Sociale psychologie

In de jaren 1950 definieerde de Amerikaanse psycholoog Gordon Allport (1897-1967) sociale psychologie als een poging om te begrijpen en te verklaren hoe de gedachten, gevoelens en het gedrag van individuen worden beïnvloed door de impliciete, expliciete of denkbeeldige aanwezigheid van andere mensen. Het doel is de invloed van de maatschappij op haar individuele leden te begrijpen.

In de nasleep van de Tweede Wereldoorlog, toen mensen worstelden om te begrijpen hoe zulke wreedheden konden worden begaan, voerden talloze onderzoekers experimenten uit om te proberen te verklaren waarom zoveel mensen blindelings één man en zijn regering volgden. Twee van de bekendste van deze experimenten zijn:

- **De conformiteitsexperimenten van Asch** in de jaren vijftig, die aantoonden dat individuen de neiging hebben zich te conformeren aan de ideeën van de rest van de groep. Eén zo'n experiment hield in dat de proefpersoon een ogenschijnlijk eenvoudige visuele test kreeg, waarbij hij zijn antwoord gaf nadat een aantal andere deelnemers die aan het experiment deelnamen hetzelfde onjuiste antwoord hadden gegeven. Meer dan 75% van de proefpersonen gaf ten minste eenmaal hetzelfde antwoord als de meerderheid, zelfs als zij er niet van overtuigd waren dat het juist was. Zelfs wanneer zij niet onderworpen zijn aan externe motivaties of straffen, kunnen individuen worden beïnvloed door de groep en tegen hun waarden ingaan om zich te conformeren.

- Het **Milgram experiment**, dat gebruik maakte van advertenties om deelnemers te werven voor wat ogenschijnlijk een experiment was over de effectiviteit van straf bij het onthouden. Het werkelijke doel van Milgram was echter uit te vinden in hoeverre individuen bereid zouden zijn om gezag te gehoorzamen. De via advertenties geworven deelnemers werden aangesteld als leraren, terwijl de leerlingen werden gespeeld door acteurs. De leraren moesten de deelnemers steeds hogere (en dus steeds gevaarlijkere) schokken toedienen telkens als zij een fout antwoord gaven (de schokken waren nep, maar dat wisten de leraren niet). De resultaten van het experiment waren verontrustend: alle deelnemers stemden ermee in het experiment te beginnen en een onbekende pijn te doen, en ongeveer 60% gaf de laatste schok, waarvan hen was verteld dat die krachtig genoeg was om de andere persoon te doden. Zelfs degenen die weigerden het experiment tot het einde toe uit te voeren, waren bereid een hoogspanningsschok toe te dienen. Dit experiment is herhaaldelijk uitgevoerd, zelfs nog in 2009 (in Frankrijk), met grotendeels vergelijkbare resultaten.

De gebeurtenissen die Strasser's roman inspireerden vonden plaats kort nadat deze twee experimenten voor het eerst werden uitgevoerd. Het experiment op de Cubberly High

School in 1967 bevestigde de resultaten die eerder door onderzoekers in hun laboratoria waren verkregen. Ron Jones, de leraar die het experiment leidde, bewees daarmee dat totalitaire bewegingen de bevolking nog steeds konden beïnvloeden.

## Motivaties

Deze experimenten tonen de krachtige invloed aan die groepsdruk en autoriteitsfiguren (zoals de wetenschapper in het Milgram-experiment) kunnen hebben. Dit maakt het gemakkelijk om te zien hoe Duitsers die de nazi's volgden door deze twee factoren beïnvloed konden zijn.

Mensen begonnen aanvankelijk in Hitler te geloven vanwege de inhoud van zijn toespraken. Door de nadruk te leggen op de verloren grootsheid van Duitsland en zijn volk, en de armoede die het land teisterde, sprak hij Duitsers aan wiens levenskwaliteit precair leek. Dezelfde omstandigheden golden echter niet voor Amerikaanse middelbare scholieren in de jaren zestig, wat de vraag oproept waarom zij zich gedroegen zoals zij deden en of de macht van de autoritaire figuur alleen voldoende was om hen te overtuigen.

De drie slogans van Ben, "Kracht door discipline", "Kracht door gemeenschap" en "Kracht door actie", geven de leden van The Wave het gevoel erbij te horen. De successen van het systeem inspireren nieuwe studenten, zelfs degenen die aanvankelijk niet overtuigd waren, om zich bij de beweging aan te sluiten, althans tijdelijk.

Zonder de beweging waren de studenten voortdurend op zoek naar erkenning, populariteit en succes. Ze probeerden een gevoel van identiteit te vinden binnen hun middelbare school, waar geen gevoel van eenheid was en een kleine kliek van populaire studenten besliste wie werd geaccepteerd en wie werd afgewezen of bespot. Dit resulteerde in onzichtbare, maar daarom niet minder reële, scheidslijnen tussen de in-crowd en de rest van de studenten. Met The Wave verdween deze verdeeldheid en werd vervangen door een gevoel van totale gelijkheid en een verlangen om samen vooruitgang te boeken. Het is begrijpelijk dat beïnvloedbare jongeren, en ook sommige volwassenen, zich lieten verleiden door deze omvangrijke, georganiseerde en schijnbaar eerlijke groep, die hen een onoverwinnelijk gevoel gaf.

Ben is zich bewust van de symbolische kracht om Brian, een van de populaire studenten, en Robert, een sociale outcast, op gelijke voet te plaatsen door hen beiden waarnemer te maken. Zij moeten erop toezien dat de leden van de groep zich aan de regels houden en indien nodig overtredingen melden. Ben laat zijn leerlingen geloven dat iedereen belangrijk is, hoe populair ze ook zijn, en stuurt de krachtige boodschap dat hun sociale status niet vaststaat en kan veranderen (Robert was bijvoorbeeld ooit een outcast, maar is nu een kernlid van de groep).

## DE PLICHT VAN HET GEHEUGEN: HERINNEREN EN BEGRIJPEN

Aan het einde van het experiment, zegt Ben:

> *"Als ons experiment succesvol is geweest – en ik denk dat jullie kunnen zien dat dat zo is – dan hebben jullie geleerd dat we allemaal verantwoordelijk zijn voor onze eigen daden, en dat je je altijd moet afvragen wat je*

*doet in plaats van blindelings een leider te volgen. [Ik hoop dat dit een les is die we de rest van ons leven zullen delen. Als we slim zijn, durven we het niet te vergeten." (pp. 135-136)*

Deze uitspraak roept het concept van de herinneringsplicht op: we moeten de wreedheden uit de geschiedenis herinneren zodat ze nooit meer worden herhaald. Dit is echter een complex en verdeeld begrip onder historici en politici. Om holocaustontkenning (de overtuiging dat de massamoord op Joden nooit heeft plaatsgevonden en de gaskamers nooit hebben bestaan) te bestrijden, hebben sommige landen, namelijk Frankrijk, België en Duitsland, besloten de holocaust in hun wetgeving te erkennen. Veel deskundigen, waaronder de Italiaanse schrijver en voormalig concentratiekampgevangene Primo Levi, hebben echter betoogd dat het belangrijker is de feiten te begrijpen dan ze alleen te herdenken.

*The Wave* laat ons zien dat de plicht tot herinnering meer inhoudt dan alleen het herdenken van de Holocaust: we moeten ook proberen de wreedheden van nazi-Duitsland te begrijpen, zodat ze nooit meer kunnen gebeuren.

# VERDERE REFLECTIE

## ENKELE VRAGEN OM OVER NA TE DENKEN...

- Schets aan de hand van andere gemeenschappen de gevaren en voordelen van groepen.

- De Britse filosoof en econoom John Stuart Mill (1806-1873) merkte ooit op: "Het recht om met mijn vuist te zwaaien eindigt waar de neus van de ander begint." Hoe illustreert *The Wave* deze opmerking?

- Wat is volgens Ben Ross de rol van geschiedenis? Wat is volgens u het nut om erover te leren?

- Wanneer Ben met zijn experiment begint, ontdekt hij dat zijn leerlingen "eigenlijk in mensen veranderen" (p. 53). Welk beeld van menselijkheid schept hij? Hoe zou je het mens-zijn definiëren als je andere teksten gebruikt om je antwoord te onderbouwen?

- Wat is een sekte? Wat zijn de kenmerken ervan? Is The Wave een sekte? Motiveer je antwoord.

- Waarom willen de leden van The Wave iedereen tot hun denkwijze bekeren?

- Dit boek laat zien dat totalitaire bewegingen vandaag de dag nog steeds kunnen bestaan. Kun je andere voorbeelden bedenken die dit illustreren? Hoe kunnen we ons tegen deze dreiging beschermen?

- Leg op basis van het boek en de geschiedenis uit wat een democratisch regime onderscheidt van een totalitair regime. Welke elementen zijn nodig om van het ene op het andere over te gaan?

- Wat bedoelt Carl als hij zegt: "Het lijkt wel of ik op de zolder van Anne Frank ben gestuit" (p. 90)?

- Als Ben de beweging niet zelf een halt had toegeroepen, wat had er dan mis kunnen gaan? Leg je antwoord uit, met Robert Billings als voorbeeld. Stel je voor wat er had kunnen gebeuren als directeur Owens zelf de beweging had ontbonden.

# VERDER LEZEN

## REFERENTIE-UITGAVE

Strasser, T. (2013) *The Wave*. New York: Ember.

## REFERENTIESTUDIES

Allport, G. W. (1954) De historische achtergrond van de moderne sociale psychologie. In: Lindzey, G. en Aronson, E., eds. *The Handbook of Social Psychology*. Boston: Addison-Wesley.

Aly, G. (2016) *Hitlers Begunstigden: Plundering, rassenoorlog en de nazi-welvaartsstaat*. Trans. Chase, J. Londen/New York: Verso.

## AANPASSINGEN

*The Wave*. (2008) [Film]. Dennis Gansel. Dir. Duitsland: Rat Pack Filmproduktion.

*We horen graag van jou! Laat
een reactie achter op jouw online bibliotheek
en deel je favoriete boeken op social media!*

## Waarom kiezen voor Must Read?

Kom alles te weten over een boek met onze beknopte en diepgaande samenvattingen en analyses!

**Ontdek het beste uit de literatuur in een compleet nieuw licht!**

De uitgever garandeert de betrouwbaarheid van de gepubliceerde informatie, die echter niet onder zijn verantwoordelijkheid valt.

www.50minutes.com

Master ISBN: 9782808687621
Papier ISBN: 9782808699020
Wettelijk depot: D/2023/12603/1182

Omslag: © Primento

Digitaal ontwerp: Primento, de digitale partner van uitgevers.